SoPäd | LERNEN

Georgia Koutsianikouli

ANGELEITETES SCHREIBEN MIT BILD-IMPULSEN

Differenzierte **Kopiervorlagen** für Förderschule und inklusiven Unterricht

Verlag an der Ruhr

IMPRESSUM

Titel
Angeleitetes Schreiben mit Bild-Impulsen
Differenzierte Kopiervorlagen für Förderschule und inklusiven Unterricht, Klasse 5–6

Autorin
Georgia Koutsianikouli

Umschlagmotiv
Skater-Bild: Christian Walter, Hände mit Stift und Block © Olga Zarytska – Shutterstock.com

Illustrationen
Christian Walter (wenn nicht anders angegeben)

Druck
Heenemann GmbH & Co. KG, Berlin, DE

Verlag an der Ruhr
Mülheim an der Ruhr
www.verlagruhr.de

Geeignet für die Klassen 5–6

ISBN 978-3-8346-6291-0

INHALTSVERZEICHNIS

BILD-IMPULSE

Stufe 1

Stufe 2

Stufe 3

Stufe 4

Stufe 5

Stufe 6

Stufe 7

ANHANG

VORWORT

Liebe Lehrkräfte,

als Sonderpädagogin im Förderschwerpunkt Lernen bin ich mit einer Vielzahl von Herausforderungen konfrontiert, wenn es um die Vermittlung von Schreibkompetenzen geht.

Meine Erfahrung zeigt, dass Kinder und Jugendliche mit dem Förderschwerpunkt Lernen Schwierigkeiten haben, freie Texte ohne Vorgaben zu verfassen. Die Gründe dafür sind oft fehlende Lernvoraussetzungen, wie ein geringer Wortschatz, geringe Schreibfertigkeiten oder fehlende Lernstrategien. Um frei und kreativ schreiben zu können, müssen Kinder und Jugendliche gewisse Schreiberfahrungen gesammelt haben. Die fachdidaktische Tendenz der letzten Jahre zeigt, dass wir glücklicherweise die traditionelle Aufsatzdidaktik endgültig hinter uns gelassen haben. Das freie und personal-kreative Schreiben sind die Ansätze, die aktuell zurecht verbreitet sind.

Dieses Heft wurde aus der Notwendigkeit heraus entwickelt, Schreibkompetenzen bei Kindern und Jugendlichen möglichst individuell und – wenn nötig – kleinschrittig zu vermitteln. Es dient als Strukturierungshilfe und als Vorstufe, bevor die Schüler*innen[1] frei schreiben können. Wortschatzarbeit, Strukturierungen, Formulierungshilfen, ritualisierte Vorgehensweisen, Checklisten, wiederkehrende Muster sind einige der Hilfen, die dieses Heft anbietet. Sie werden absichtlich keine Metasprache finden (z. B. „Schreibe im Präsens." oder „Baue wörtliche Rede ein."). Diese würde Wissen voraussetzen, das unsere Schüler*innen eventuell nicht haben. Zusätzlich würde sie die Fantasie der Lernenden einschränken. Je freier eine Strukturierung ist, desto individueller die Gestaltung. Auch bei Strukturierungshilfen müssen wir sehr vorsichtig sein. Wir wollen Kinder und Jugendliche zum Schreiben anregen und direkt instruieren, aber die Kreativität nicht einschränken.

Bei der Konzeption der Impulse habe ich besonders darauf geachtet, dass die Bildergeschichten lebensrelevant für die Schüler*innen sind, möglichst kulturfrei und nicht all zu kindisch. Wie Sie auch sicherlich erkennen werden, hatte ich die Vielfalt und Diversität der Personen im Blick, die in den Geschichten vorkommen. Die Bilder sind so konzipiert, dass sie Überforderung und Reizüberflutung vermeiden. Absichtlich habe ich auch auf Situationen verzichtet, die Fehlverhalten darstellen (z. B. Diebstahl oder Mobbing). Da die Bild-Impulse keinen Ausgang vorgeben, wollte ich vermeiden, dass Fehlverhalten verstärkt wird.

Das Heft wurde nach vielen Beobachtungen, die ich beim täglichen Unterrichten machte, aus der Praxis für die Praxis entwickelt. So möchte ich Ihre Schüler*innen mit diesen Materialien bei ihren Lernprozessen unterstützen und ihre Schreibmotivation anregen.

[1] Der Verlag an der Ruhr legt großen Wert auf eine geschlechtergerechte und inklusive Sprache. Daher nutzen wir das Gendersternchen, um sowohl männliche und weibliche als auch nichtbinäre Geschlechtsidentitäten einzuschließen. Alternativ verwenden wir neutrale Formulierungen. In Texten für Schüler*innen finden sich aus didaktischen Gründen neutrale Begriffe bzw. Doppelformen.

DIDAKTISCHE HINWEISE

Theoretische Grundlagen

Der Schreibunterricht in der Sekundarstufe I hat die Entwicklung angemessener schriftsprachlicher Kompetenzen zum Ziel, die die Lernenden dazu befähigen, am gesellschaftlichen Leben teilzuhaben, und die sie auf die berufliche Ausbildung oder die weitere schulische Laufbahn vorbereiten.

In den 1970er- und 1980er-Jahren erfolgte eine Abkehr von den traditionellen Aufsatzdiktaten. Bis zu diesem Zeitpunkt stand **das Produkt** im Mittelpunkt des Schreibunterrichts. Zwei unterschiedliche Bewegungen haben sich durchgesetzt und sind in die tägliche Praxis bis heute eingeflossen:

1. **Freies Schreiben** (freie Wahl des Themas, Zweck des Schreibens im Fokus)
2. **Personal-kreatives Schreiben** (bewusst gestaltete Schreibanlässe, keine freie Wahl des Themas)

Inzwischen sind die Schritte der **Planung, Formulierung und Überarbeitung** in den Fokus gerückt (vgl. Becker-Mrotzek/Behrens, 2016), nachdem das **Schreibprozessmodell nach Hayes/Flower** (1980) die wichtige didaktische Einsicht geliefert hat, dass Schreiben rekursiv und nicht linear passiert. Diese drei Komponenten bilden auch die lernpsychologische Grundlage dieses Hefts.

Für die Erstellung von **Lernaufgaben** ist es neben dem Schreiben selbst wichtig, sowohl das strategische Planen des Texts als auch die Überarbeitung einzubeziehen. Hierbei helfen auch kooperative Aufgabenformate den Schüler*innen dabei, ihren Schreibprozess zu reflektieren und zu überprüfen, ob das Geschriebene den Adressaten bzw. die Adressatin erreicht und von ihm*ihr verstanden wird (vgl. Bereiter/Scardamalia, 1987).

Vor dem Hintergrund dieser Erkenntnisse ist es für Schüler*innen besonders wichtig, den Grund des Schreibens (Warum muss ich schreiben und kann nicht mündlich erzählen?) und die Adressat*innen (Für wen schreibe ich?) zu kennen.

Wir wissen, dass die **Schreibmotivation** eine sehr große Rolle für den Schreibunterricht spielt. Der **Schreibanlass** muss aus der Sicht des*der Schreibenden eine Lebensrelevanz beweisen. Die fertigen Geschichten können in einem Geschichtenbuch für die Klassenbücherei gesammelt oder für einen Vorlesewettbewerb bzw. eine Vorlesestunde (auch klassenübergreifend) genutzt oder als „Geschichte der Woche" den Eltern oder anderen Lehrkräften präsentiert werden.

Faktoren, die die Schreibmotivation negativ beeinflussen, sind:

- → geringes oder fehlendes Vorwissen zum Thema oder zu den Adressat*innen
- → geringes oder fehlendes Wissen über Schreibstrategien (z. B. Strukturierung eines Textes)
- → geringer Wortschatz

Aus diesen Gründen sollte dem Schreibunterricht unbedingt eine Bestimmung der **Lernausgangslage** der Schüler*innen vorangestellt sein. Wichtige Fragen bei der Bestimmung der Lernvoraussetzungen sind:

1. Welche Phasen werden beherrscht?
2. Welche Teilkompetenzen wurden bereits erworben?

Die Sequenzbeobachtung (S. 64–66) wurde vor diesem Hintergrund als Orientierungshilfe für Sie entwickelt.

Begründung der Notwendigkeit des personal-kreativen Schreibens im Förderschwerpunkt Lernen

- Gedächtnisentlastung durch Lebensweltbezug (Perspektivübernahme, Empathie ...)
- Möglichkeit von individuellen Aufgabenlösungen
- Unterstützung der Vorstellungskraft
- Strukturierungs- und Formulierungshilfen
- strukturiertes Beobachten
- angeleitetes Schreiben/Unterstützung des Schreibprozesses
- Verhinderung von Schreibblockaden und Hemmungen (Unterschied zwischen Planungs- und Überarbeitungsphasen)
- ritualisierter Stundenablauf

Mit diesem Heft möchte ich zum kreativen Schreiben anregen. Im Mittelpunkt der Materialien stehen das genaue Betrachten und die ausführliche Beschreibung eines Bildes sowie die Strukturierung des Schreibens. Das Ziel ist es, Lernvoraussetzungen bei Schüler*innen im Förderschwerpunkt Lernen zu schaffen, die später das freie Schreiben ermöglichen.

Literaturangaben:

Becker-Mrotzek, M./Behrens, U.,
in: *Behrens, U./Bremerich-Vos, A./Krelle, M./ Böhme, K./Hunger, S. (Hrsg.):*
Bildungsstandards Deutsch: konkret. Sekundarstufe I: Aufgabenbeispiele, Unterrichtsanregungen, Fortbildungsideen,
Cornelsen: Berlin, 2. Auflage 2016, S. 46–85.

Bereiter, C./Scardamalia, M.:
The psychology of written composition.
Lawrence Erlbaum Associates: Hillsdale, NJ, 1987.

Hayes, J. R./Flower, L.:
Identifying the organization of writing processes.
in: *Gregg, L. W./Steinberg, E. R. (Hrsg.):*
Cognitive Processes in Writing.
Lawrence Erlbaum Associates: Hillsdale, NJ, 1980, S. 3–30.

Aufbau der Materialien

Das Heft bietet Kopiervorlagen zum Schreibtraining in **sieben Schwierigkeitsstufen mit je fünf Bild-Impulsen**. Zu jedem Bild-Impuls gibt es Aufgaben zum Planen, Schreiben und Überarbeiten einer Geschichte. Die Aufgaben der jeweiligen Stufe sind identisch aufgebaut, damit die Schüler*innen den gleichen Prozess üben und ihre Kompetenzen Schritt für Schritt erweitern können.

Am Anfang werden viele Strukturierungshilfen angeboten. Je höher die Stufe, desto weniger Hilfen erhalten die Lernenden. **Als Lehrkraft erkennen Sie die Schwierigkeitsstufen an der Blume in der Kopfzeile des Arbeitsblatts.** Die Blume mit einem gefüllten Blütenblatt entspricht der Stufe 1, die Blume mit zwei gefüllten Blütenblättern der Stufe 2 usw.

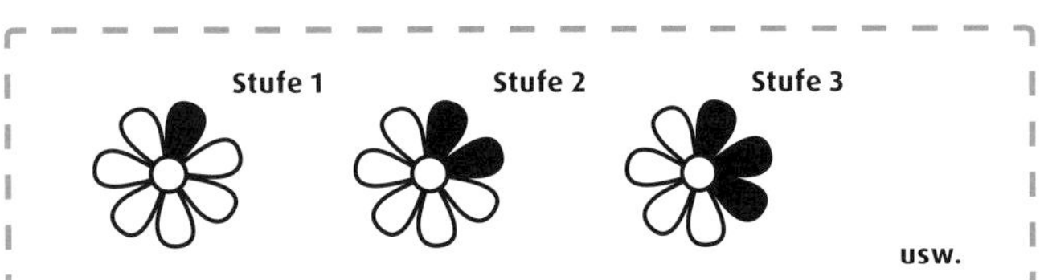

Kopieren Sie für Ihre Schüler*innen jeweils eine **Seite 1 – Betrachten** und eine **Seite 2 – Planen und Schreiben**. In den Stufen 1 und 3 finden Sie individuelle Planungsseiten für jeden einzelnen Bild-Impuls. Die übrigen Stufen haben jeweils eine universelle Planungsseite, die Sie nach dem fünften Impuls finden und für alle Bild-Impulse der Stufe kopieren können.

Die Kopiervorlagen in diesem Heft können als **Training im Klassenverband** oder als **individueller Schreibanlass mit Differenzierungsmöglichkeiten** genutzt werden. Bevor Sie mit dem Training beginnen, bestimmen Sie die Lernausgangslage Ihrer Schüler*innen.

Im Anhang des Arbeitsheftes finden Sie eine Vorlage zur **individuellen Sequenzbeobachtung** (S. 64–66). Diese können Sie für jedes Kind kopieren und darauf die **Lernfortschritte dokumentieren**. Notieren Sie individuell, welche Teilkompetenzen für Ihre Lernenden relevant sind. Nutzen Sie dafür das Kästchen neben der Formulierung. Diese helfen Ihnen dabei, die Anfangsstufe richtig einzuschätzen. In der Sequenzbeobachtung sehen Sie die Fach- und Methodenkompetenzen, die Ihre Schüler*innen während des Trainings erwerben können.

Ich habe das Schreibtraining 2-mal wöchentlich als feste Schreibstunde erprobt und empfehle eine Unterrichtseinheit zum Planen und Schreiben und zwei Unterrichtseinheiten zum Überarbeiten – **mögliche Stundenentwürfe** finden Sie auf den Seiten 9 und 10. Wenn Sie die Bild-Impulse nicht als Training durchführen möchten, können Sie auch einzelne Situationen und die dazugehörigen Aufgaben in Ihren Unterricht einbauen oder diese für Vertretungsstunden nutzen.

Für dieses Heft habe ich vielfältige Materialien für Ihren Unterricht erstellt. **Im Anhang** finden Sie u. a. **Checklisten** und **verschiedene Dokumentationsvorlagen**, die Sie einfach kopieren können.

Das **Material für die Lernumgebung** sowie das **Tafel- und Bodenmaterial** werden Ihnen im Anhang präsentiert und sind mit einem **QR-Code zum Download** versehen. So können Sie die Materialien größer kopieren oder auf der digitalen Tafel nutzen.

Die **Wortspeicher-Kärtchen** (siehe S. 85–87) können Sie zur Differenzierung, z. B. für DaZ-Lernende, einsetzen. Für die Bild-Impulse der Stufe 1 finden Sie einen **vorgefertigten Wort-Pool**. Außerdem gibt es eine Vorlage, um eigene Karten zu erstellen.

Differenzierung

Die folgende Übersicht zeigt, welche Maßnahmen der Differenzierung und Unterstützung bei der Arbeit mit den Bild-Impulsen je nach Förderschwerpunkt erfolgen können.

Differenzierung des Lernmaterials	► einzelne Bild-Impulse aufbauend bis zu kleinen Bildergeschichten ► kleinschrittiger und strukturierter Aufbau der Lernaufgaben: • (zunehmend reduzierte) Strukturierungshilfen • (zunehmend reduzierte) Formulierungshilfen • (zunehmend reduzierte) Orientierungshilfen • Checklisten ► natürliche Differenzierung: • eigener Wortspeicher • individueller Schreibplan und Ausformulierungen • individueller Schwerpunkt bei der Überarbeitung
Unterstützung der Schüler*innen im Förderschwerpunkt Lernen	► einheitlicher Aufbau als wiederkehrende Lernschleife ► Wortspeicher als kognitive Entlastung ► Wiederholung der Handlungsschritte ► Lehrkraft als Lernbegleiterin ► Visualisierungen in der Lernumgebung ► Visualisierungen an der Tafel
Unterstützung der Schüler*innen im Förderschwerpunkt Emotionale und soziale Entwicklung	► Transparenz und Sicherheit durch ritualisierten Ablauf der Lektion (wiederkehrende Lernschleife) ► motivierende Bild-Impulse mit Lebensweltbezug (Emotionalisierung) ► Ermutigung und Bestätigung ► Präsenz der Lehrkraft ► Lehrkraft als Lernbegleiterin ► Vermeidung der Unter-/Überforderung durch Differenzierung
Unterstützung der Schüler*innen im Förderschwerpunkt Sprache	► Lehrkraft als Sprachvorbild ► korrektives Feedback ► Erklärung von schwierigen Wörtern ► genaueres Betrachten und mündliches Besprechen der Bild-Impulse im Klassenverband ► chorisches Sprechen ► sprachunterstützende Gesten ► Wortschatzelaboration und Bildkarten bei DaZ-Lernenden ► Wortspeicher als Unterstützung für DaZ-Lernende

Stundenkonzept „Planen und Schreiben" *(UE1 – 45 Minuten)*

Phase	Hinweise zur Phase
Warm-up/Ankommen/ Zielangabe ca. 2 Minuten	▶ Die Lehrkraft nennt das Unterrichtsfach „Deutsch" und den Lernbereich „Schreiben" (ggf. Visualisierung durch Wortkarten). ▶ Die Lehrkraft nennt das Stundenziel „Ich plane und schreibe eine Geschichte zum Bild/zu den Bildern". ▶ Die Schüler*innen lesen das Stundenziel wiederholend vor.
Vorwissensaktivierung/ Wiederholung/Hinführung ca. 3 Minuten	▶ Die Lehrkraft nutzt die Lernumgebung (S. 81–83) für die inhaltliche und methodische Vorwissensaktivierung (Think-Pair-Share). ▶ Fokussierung: Der Ablauf der Schreibstunde wird an die Tafel gehängt und präsentiert (S. 84). ▶ Die Arbeitsblätter werden ausgeteilt (pro Schüler*in je eine Seite 1 – Betrachten und eine Seite 2 – Planen und Schreiben. Die Ermittlung der Lernausgangslage sollte in den Vorstunden erfolgt sein.
Erarbeitung 1: Sammlung der Wörter ca. 5 Minuten	▶ im Plenum: Betrachtung des Bildes (Die Schüler*innen äußern sich spontan.) ▶ Erklärung der Wörter des angefertigten Wortspeichers (wenn nötig) ▶ Arbeit am eigenen Wortspeicher (Einzelarbeit) ▶ Austausch über die unterschiedlichen Wörter (Partnerarbeit): Die Schüler*innen vergleichen ihre Wörter und besprechen ggf. ihre Interpretationen des Bilds. ▶ Die Lehrkraft hält an der Tafel die Wörter der Schüler*innen fest (Würdigung der Vielfalt der Wörter).
Erarbeitung 2: Planung der Geschichte ca. 15 Minuten	Die Schüler*innen bearbeiten das Arbeitsblatt in Einzelarbeit (angeleitetes Planen, wenn nötig).
Erarbeitung 3: Schreiben der Geschichte ca. 15 Minuten	▶ Die Lehrkraft teilt die Vorlage oder das Schreibheft aus (siehe S. 67–69). ▶ Nutzung der Checkliste (wenn nötig, siehe S. 79) ▶ Die Lehrkraft agiert als Lernbegleitung (angeleitetes Schreiben, wenn nötig). (Schüler*innen, die mit ihrer Geschichte nicht fertig sind, können während der Lernzeit/Freiarbeit weiter daran arbeiten.)
Reflexion/Rückmeldung/ Ausblick ca. 5 Minuten	▶ Daumenabfrage (Fragen zur Wörtersammlung, Ideensammlung, Planung und zum Schreiben) ▶ Die Lehrkraft gibt individuelles Feedback. ▶ Die Lehrkraft gibt einen Ausblick auf die nächste Stunde: Mentoring, Verbesserung, Präsentation.

Stundenkonzept „Überarbeiten – Schreib-Mentoring“ *(UE2 und UE3 – 60 Minuten)*

Phase	Hinweise zur Phase
Warm-up/Ankommen/ Zielangabe ca. 2 Minuten	▸ Die Lehrkraft nennt das Unterrichtsfach „Deutsch“ und den Lernbereich „Schreiben“ (Visualisierung durch Wortkarten). ▸ Die Lehrkraft nennt das Stundenziel „Ich lasse mich beraten und überarbeite meine Geschichte“. ▸ Schüler*innen lesen das Stundenziel wiederholend vor.
Vorwissensaktivierung/ Wiederholung/Hinführung ca. 3 Minuten	▸ Nutzung der Lernumgebung (S. 81–83) für die Vorwissensaktivierung (Think-Pair-Share) ▸ Fokussierung: Ablauf des Schreib-Mentorings an der Tafel
Erarbeitung 1: Schreib-Mentoring 20 Minuten	▸ Ablauf des Schreib-Mentorings: **1.** Bildung von 2er-Teams **2.** Austeilen der Mentoring-Checkliste (siehe S. 80) **3.** Rollenbestimmung: Mentor*in und Schreiber*in **4.** Schreiber*in liest die eigene Geschichte vor. **5.** Anhand der Checkliste werden Verbesserungsvorschläge gemacht und notiert. **6.** Schreiber*in wird von einer anderen Person beraten (gleicher Prozess). **7.** Tausch der Rollen Rolle der Lehrkraft: Beratung, Lernbegleitung
Erarbeitung 2: Überarbeitung 20 Minuten	▸ Die Lehrkraft teilt für die Überarbeitung eine neue Vorlage aus. ▸ Mithilfe der Mentoring-Checkliste wird die Geschichte überarbeitet. ▸ Wenn die Schüler*innen mit der Überarbeitung fertig sind, übertragen sie diese ordentlich auf die Vorlage für die Präsentation (Schreiben am Tablet auch möglich).
Sicherung Präsentation 10 Minuten	▸ Die Schüler*innen lesen ihre Geschichten laut vor (freiwillig). ▸ im Plenum: individuelle Rückmeldungen anhand der Kriterien der Checkliste (S. 80)
Reflexion/Rückmeldung/ Ausblick 5 Minuten	▸ Daumenabfrage (Fragen zur Beratung und Überarbeitung) ▸ Die Lehrkraft gibt individuelles Feedback. ▸ Dokumentation des eigenen Lernprozesses (S. 70–72)

HINWEIS ZU DEN KOPIERVORLAGEN

Stufe 1

Stufe 3

In den **Stufen 1 und 3** hat jeder Bild-Impuls eine → **individuelle Seite zur Planung**.

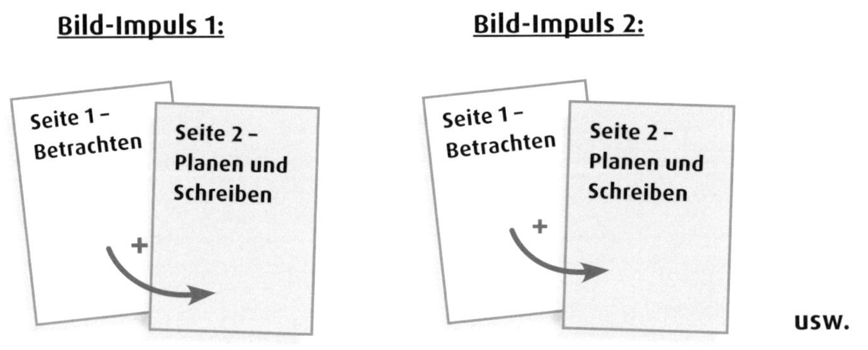

Stufe 2

Stufe 4

Stufe 5

Stufe 6

Stufe 7

In allen anderen **Stufen** gibt es jeweils eine → **universelle Planungsseite**, die Sie immer nach dem fünften Impuls der Stufe finden.

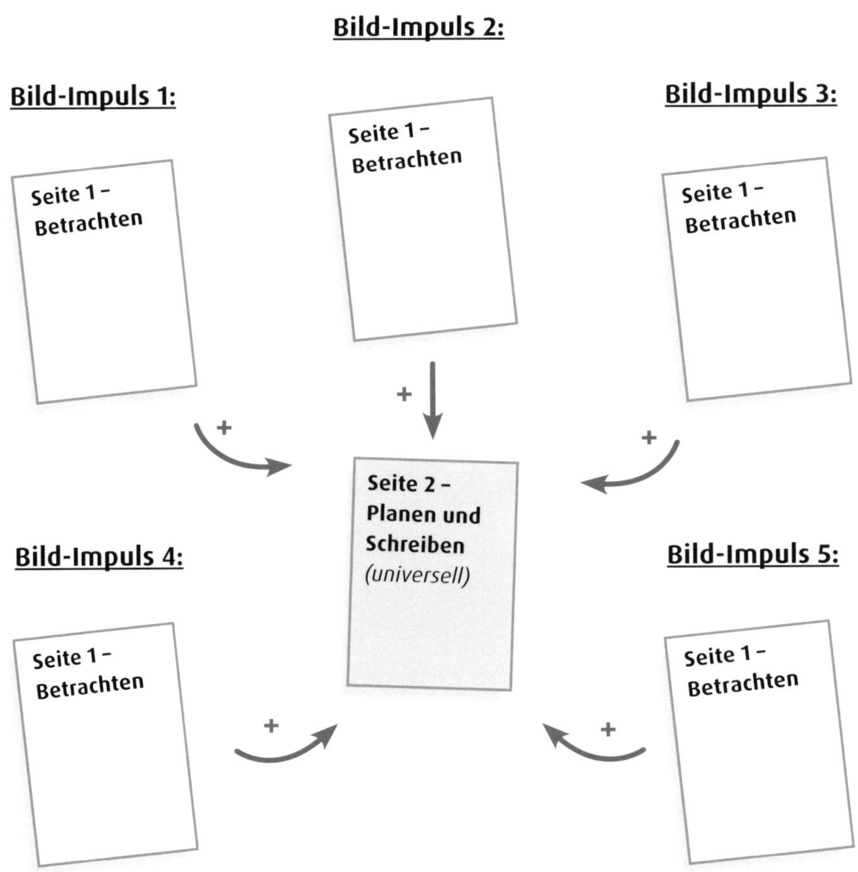

BILD-IMPULSE

Mein Ziel: Ich schreibe eine Geschichte zum Bild.

1. Ich betrachte das Bild.

Ich habe das Bild betrachtet. ☐

2. Ich notiere Wörter, die mir zum Bild einfallen.
Ich schreibe auf, was ich sehe und was geschieht.
Ich notiere Satzstarter.

Ich habe die Wörter geschrieben. ☐

3. Ich plane meine Geschichte.

Tipp:
Dein Wortspeicher hilft dir dabei!

a) Ich benenne die Situation.

WER?
Ich gebe dem Mädchen einen Namen. → Das Mädchen heißt ....

WO?
Ich notiere den Ort. → Die Geschichte findet .... statt.

WIE?
Ich beschreibe ihre Gefühle. → Das Mädchen fühlt sich ....

WANN?
Ich schreibe die Zeit. → Die Geschichte findet .... statt.

Ich habe die Situation benannt. ☐

b) Ich notiere die Handlung.

Was passiert?

Ich schreibe auf, wie das Mädchen heißt und wo es sich befindet.

....
....
....

Ich schreibe auf, wie sie sich fühlt.

....
....
....

Ich schreibe auf, was sie tut.

....
....
....
....

Ich beschreibe ihr Problem.

....
....
....
....
....

Ich habe die Handlung notiert. ☐

c) Ich wähle den Ausgang der Geschichte.

☐ Das Mädchen wurde von der Lehrerin ermutigt.
☐ Ihre Eltern waren trotzdem stolz, weil sie sich Mühe gegeben hat.
☐ Meine eigene Auflösung:

....
....

Ich habe einen Ausgang gewählt. ☐

4. Ich schreibe meine Geschichte vollständig auf.

Mein Ziel: Ich schreibe eine Geschichte zum Bild.

1. Ich betrachte das Bild.

Ich habe das Bild betrachtet. ☐

2. Ich notiere Wörter, die mir zum Bild einfallen.
Ich schreibe auf, was ich sehe und was geschieht.
Ich notiere Satzstarter.

Ich habe die Wörter geschrieben. ☐

3. Ich plane meine Geschichte.

Tipp:
Dein Wortspeicher hilft dir dabei!

a) Ich benenne die Situation.

WER?
Ich gebe dem Jungen einen Namen. → Der Junge heißt ....

WO?
Ich notiere den Ort. → Die Geschichte findet .... statt.

WIE?
Ich beschreibe seine Gefühle. → Der Junge fühlt sich ....

WANN?
Ich schreibe die Zeit. → Die Geschichte findet .... statt.

Ich habe die Situation benannt. ☐

b) Ich notiere die Handlung.

Was passiert?

Ich schreibe auf, wie der Junge heißt und wo er sich befindet.
....
....
....

Ich schreibe auf, wie er sich fühlt.
....
....
....

Ich schreibe auf, was er tut.
....
....
....
....

Ich beschreibe das mögliche Problem.
....
....
....
....
....

Ich habe die Handlung notiert. ☐

c) Ich wähle den Ausgang der Geschichte.

☐ Der Junge übersieht die Pfütze und stürzt.
☐ Der Junge sieht die Pfütze und springt drüber.
☐ Meine eigene Auflösung:

....
....

Ich habe einen Ausgang gewählt. ☐

4. Ich schreibe meine Geschichte vollständig auf.

Mein Ziel: Ich schreibe eine Geschichte zum Bild.

1. Ich betrachte das Bild.

Ich habe das Bild betrachtet. ☐

2. Ich notiere Wörter, die mir zum Bild einfallen.
Ich schreibe auf, was ich sehe und was geschieht.
Ich notiere Satzstarter.

Ich habe die Wörter geschrieben. ☐

3. Ich plane meine Geschichte.

Tipp:
Dein Wortspeicher hilft dir dabei!

a) Ich benenne die Situation.

WER?
Ich gebe den Kindern einen Namen. → Die Kinder heißen ....

WO?
Ich notiere den Ort. → Die Geschichte findet .... statt.

WIE?
Ich beschreibe die Gefühle der Mutter. → Die Mutter fühlt sich ....

WANN?
Ich schreibe die Zeit. → Die Geschichte findet .... statt.

Ich habe die Situation benannt. ☐

b) Ich notiere die Handlung.

Was passiert?

Ich schreibe auf, wie die Personen heißen und wo sie sich befinden.
....
....
....

Ich beschreibe, was sie tun.
....
....
....
....

Ich schreibe auf, wie sie sich fühlen.
....
....
....

Ich beschreibe das mögliche Problem.
....
....
....
....
....

Ich habe die Handlung notiert. ☐

c) Ich wähle den Ausgang der Geschichte.

☐ Der Junge überredet seine Schwester.
☐ Das Mädchen überredet seinen Bruder.
☐ Meine eigene Auflösung:

....
....

Ich habe einen Ausgang gewählt. ☐

4. Ich schreibe meine Geschichte vollständig auf.

Mein Ziel: Ich schreibe eine Geschichte zum Bild.

1. Ich betrachte das Bild.

Ich habe das Bild betrachtet. ☐

2. Ich notiere Wörter, die mir zum Bild einfallen.
Ich schreibe auf, was ich sehe und was geschieht.
Ich notiere Satzstarter.

Ich habe die Wörter geschrieben. ☐

3. Ich plane meine Geschichte.

Tipp:
Dein Wortspeicher hilft dir dabei!

a) Ich benenne die Situation.

WER?
Ich gebe dem Mädchen einen Namen. → Das Mädchen heißt ....

WO?
Ich notiere den Ort. → Die Geschichte findet .... statt.

WIE?
Ich beschreibe ihre Gefühle. → Das Mädchen fühlt sich ....

WANN?
Ich schreibe die Zeit. → Die Geschichte findet .... statt.

Ich habe die Situation benannt. ☐

b) Ich notiere die Handlung.

Was passiert?

Ich schreibe auf, wie das Mädchen heißt und wo es sich befindet.
....
....
....

Ich schreibe auf, wie sie sich fühlt.
....
....
....

Ich beschreibe, was sie beobachtet.
....
....
....
....

Ich beschreibe ihre möglichen Gedanken.
....
....
....
....
....

Ich habe die Handlung notiert. ☐

c) Ich wähle den Ausgang der Geschichte.

☐ Die Seniorin ruft die Notrufnummer an.
☐ Die Seniorin begleitet das Mädchen nach Hause.
☐ Meine eigene Auflösung:

....
....

Ich habe einen Ausgang gewählt. ☐

4. Ich schreibe meine Geschichte vollständig auf.

Mein Ziel: Ich schreibe eine Geschichte zum Bild.

1. Ich betrachte das Bild.

Ich habe das Bild betrachtet. ☐

2. Ich notiere Wörter, die mir zum Bild einfallen.
Ich schreibe auf, was ich sehe und was geschieht.
Ich notiere Satzstarter.

Ich habe die Wörter geschrieben. ☐

3. Ich plane meine Geschichte.

Tipp:
Dein Wortspeicher hilft dir dabei!

a) Ich benenne die Situation.

WER?
Ich gebe dem Mädchen einen Namen. → Das Mädchen heißt ....

WO?
Ich notiere den Ort. → Die Geschichte findet .... statt.

WIE?
Ich beschreibe ihre Gefühle. → Das Mädchen fühlt sich ....

WANN?
Ich schreibe die Zeit. → Die Geschichte findet .... statt.

Ich habe die Situation benannt. ☐

b) Ich notiere die Handlung.

Was passiert?

Ich schreibe auf, wie das Mädchen heißt und wo es sich befindet.
....
....
....

Ich schreibe auf, wie sie sich fühlt.
....
....
....

Ich beschreibe, was sie tut.
....
....
....
....

Ich beschreibe das Problem.
....
....
....
....
....

Ich habe die Handlung notiert. ☐

c) Ich wähle den Ausgang der Geschichte.

☐ Das Mädchen hört das Auto und bleibt stehen.
☐ Der Fußgänger warnt das Mädchen.
☐ Meine eigene Auflösung:

....
....

Ich habe einen Ausgang gewählt. ☐

4. Ich schreibe meine Geschichte vollständig auf.

Mein Ziel: Ich schreibe eine Geschichte zum Bild.

1. Ich betrachte das Bild.

Ich habe das Bild betrachtet. ☐

2. Ich notiere Wörter, die mir zum Bild einfallen.
Ich schreibe auf, was ich sehe und was geschieht.
Ich notiere Satzstarter.

....

....

....

....

....

....

....

....

....

....

....

Ich habe die Wörter geschrieben. ☐

Mein Ziel: Ich schreibe eine Geschichte zum Bild.

1. Ich betrachte das Bild.

Ich habe das Bild betrachtet. ☐

2. Ich notiere Wörter, die mir zum Bild einfallen.
Ich schreibe auf, was ich sehe und was geschieht.
Ich notiere Satzstarter.

Ich habe die Wörter geschrieben. ☐

Mein Ziel: Ich schreibe eine Geschichte zum Bild.

1. Ich betrachte das Bild.

Ich habe das Bild betrachtet. ☐

2. Ich notiere Wörter, die mir zum Bild einfallen.
Ich schreibe auf, was ich sehe und was geschieht.
Ich notiere Satzstarter.

Ich habe die Wörter geschrieben. ☐

Mein Ziel: Ich schreibe eine Geschichte zum Bild.

1. Ich betrachte das Bild.

Ich habe das Bild betrachtet. ☐

2. Ich notiere Wörter, die mir zum Bild einfallen.
Ich schreibe auf, was ich sehe und was geschieht.
Ich notiere Satzstarter.

Ich habe die Wörter geschrieben. ☐

Mein Ziel: Ich schreibe eine Geschichte zum Bild.

1. Ich betrachte das Bild.

Ich habe das Bild betrachtet. ☐

2. Ich notiere Wörter, die mir zum Bild einfallen.
Ich schreibe auf, was ich sehe und was geschieht.
Ich notiere Satzstarter.

Ich habe die Wörter geschrieben. ☐

3. Ich plane meine Geschichte.

Tipp:
Dein Wortspeicher hilft dir dabei!

a) Ich benenne die Situation.

WER?

....

WO?

....

Einleitung

WIE?

....

WANN?

....

Ich habe die Situation benannt. ☐

b) Ich notiere die Handlung.

Was passiert?

....

Ich habe die Handlung notiert. ☐

c) Ich wähle den Ausgang der Geschichte.

Meine Auflösung:

....

....

Ich habe einen Ausgang gewählt. ☐

4. Ich schreibe meine Geschichte vollständig auf.

Mein Ziel: Ich schreibe eine Geschichte zu den Bildern.

1. Ich betrachte die Bildern.

Ich habe die Bilder betrachtet. ☐

2. Ich notiere Wörter, die mir zu den Bildern einfallen.
Ich schreibe auf, was ich sehe und was geschieht.
Ich notiere Satzstarter.

A – MEIN WORTSPEICHER

B – MEIN WORTSPEICHER

Ich habe die Wörter geschrieben. ☐

3. Ich plane meine Geschichte.

Tipp:
Dein Wortspeicher hilft dir dabei!

a) Ich benenne die Situation.

Einleitung

WER? ……………………………………

WO? ……………………………………

WIE? ……………………………………

WANN? ……………………………………

Ich habe die Situation benannt. ☐

b) Ich notiere die Handlung.

Bild A: Was passiert?

……………………………………

Bild B: Was passiert?

……………………………………

Ich habe die Handlung notiert. ☐

c) Ich wähle den Ausgang der Geschichte.

☐ Der Junge ignoriert das Geräusch und schläft wieder ein.

☐ Meine eigene Auflösung:

……………………………………

……………………………………

Ich habe einen Ausgang gewählt. ☐

4. Ich schreibe meine Geschichte vollständig auf.

Mein Ziel: Ich schreibe eine Geschichte zu den Bildern.

1. Ich betrachte die Bilder.

Ich habe die Bilder betrachtet. ☐

2. Ich notiere Wörter, die mir zu den Bildern einfallen.
Ich schreibe auf, was ich sehe und was geschieht.
Ich notiere Satzstarter.

Ich habe die Wörter geschrieben. ☐

3. Ich plane meine Geschichte.

Tipp:
Dein Wortspeicher hilft dir dabei!

a) Ich benenne die Situation.

WER? ....

WO? ....

Einleitung

WIE? ....

WANN? ....

Ich habe die Situation benannt. ☐

b) Ich notiere die Handlung.

Bild A: Was passiert?

....

Bild B: Was passiert?

....

Ich habe die Handlung notiert. ☐

c) Ich wähle den Ausgang der Geschichte.

☐ Die Lehrkraft ruft ihre Eltern an.

☐ Meine eigene Auflösung:

....

....

Ich habe einen Ausgang gewählt. ☐

4. Ich schreibe meine Geschichte vollständig auf.

Mein Ziel: Ich schreibe eine Geschichte zu den Bildern.

1. Ich betrachte die Bildern.

A

B

Ich habe die Bilder betrachtet. ☐

2. Ich notiere Wörter, die mir zu den Bildern einfallen.
Ich schreibe auf, was ich sehe und was geschieht.
Ich notiere Satzstarter.

A – MEIN WORTSPEICHER

B – MEIN WORTSPEICHER

Ich habe die Wörter geschrieben. ☐

3. Ich plane meine Geschichte.

Tipp:
Dein Wortspeicher hilft dir dabei!

a) Ich benenne die Situation.

WER? ....

WO? ....

Einleitung

WIE? ....

WANN? ....

Ich habe die Situation benannt. ☐

b) Ich notiere die Handlung.

Bild A: Was passiert?

....

Bild B: Was passiert?

....

Ich habe die Handlung notiert. ☐

c) Ich wähle den Ausgang der Geschichte.

☐ Der Junge wurde zum Geburtstag von der Lehrkraft überrascht.

☐ Meine eigene Auflösung:

....

....

Ich habe einen Ausgang gewählt. ☐

4. Ich schreibe meine Geschichte vollständig auf.

Mein Ziel: Ich schreibe eine Geschichte zu den Bildern.

1. Ich betrachte die Bilder.

A

B

Ich habe die Bilder betrachtet. ☐

2. Ich notiere Wörter, die mir zu den Bildern einfallen.
Ich schreibe auf, was ich sehe und was geschieht.
Ich notiere Satzstarter.

A

B

Ich habe die Wörter geschrieben. ☐

3. Ich plane meine Geschichte.

Tipp:
Dein Wortspeicher hilft dir dabei!

a) Ich benenne die Situation.

Einleitung

WER? ....

WO? ....

WIE? ....

WANN? ....

Ich habe die Situation benannt. ☐

b) Ich notiere die Handlung.

Bild A: Was passiert?	**Bild B:** Was passiert?
....	....
....	....
....	....
....	....
....	....
....	....
....	....
....	....
....	....

Ich habe die Handlung notiert. ☐

c) Ich wähle den Ausgang der Geschichte.

☐ Das Mädchen entschuldigt sich bei der Museumsleitung und geht nach Hause.

☐ Meine eigene Auflösung:

....

....

Ich habe einen Ausgang gewählt. ☐

4. Ich schreibe meine Geschichte vollständig auf.

Mein Ziel: Ich schreibe eine Geschichte zu den Bildern.

1. Ich betrachte die Bildern.

Ich habe die Bilder betrachtet. ☐

2. Ich notiere Wörter, die mir zu den Bildern einfallen.
Ich schreibe auf, was ich sehe und was geschieht.
Ich notiere Satzstarter.

Ich habe die Wörter geschrieben. ☐

3. Ich plane meine Geschichte.

Tipp:
Dein Wortspeicher hilft dir dabei!

a) Ich benenne die Situation.

Einleitung

WER? ....

WO? ....

WIE? ....

WANN? ....

Ich habe die Situation benannt. ☐

b) Ich notiere die Handlung.

Bild A: Was passiert?

....

Bild B: Was passiert?

....

Ich habe die Handlung notiert. ☐

c) Ich wähle den Ausgang der Geschichte.

☐ Die Zahnärztin konnte den Patienten beruhigen.

☐ Meine eigene Auflösung:

....

....

Ich habe einen Ausgang gewählt. ☐

4. Ich schreibe meine Geschichte vollständig auf.

Meine Ziele: Ich setze die Geschichte fort, indem ich ein passendes Bild male.
Ich schreibe eine Geschichte zu den Bildern.

1. Ich betrachte das Bild ... **... und ich zeichne eine Fortsetzung.**

A

B

Ich habe das Bild betrachtet. ☐

Ich habe eine Fortsetzung gezeichnet. ☐

2. Ich notiere Wörter, die mir zu den Bildern einfallen.
Ich schreibe auf, was ich sehe und was geschieht.
Ich notiere Satzstarter.

....

....

Ich habe die Wörter geschrieben. ☐

Meine Ziele: Ich setze die Geschichte fort, indem ich ein passendes Bild male. Ich schreibe eine Geschichte zu den Bildern.

1. Ich betrachte das Bild … **… und ich zeichne eine Fortsetzung.**

A

B

Ich habe das Bild betrachtet. ☐

Ich habe eine Fortsetzung gezeichnet. ☐

2. Ich notiere Wörter, die mir zu den Bildern einfallen.
Ich schreibe auf, was ich sehe und was geschieht.
Ich notiere Satzstarter.

Ich habe die Wörter geschrieben. ☐

Meine Ziele: Ich setze die Geschichte fort, indem ich ein passendes Bild male. Ich schreibe eine Geschichte zu den Bildern.

1. Ich betrachte das Bild ... **... und ich zeichne eine Fortsetzung.**

A

B

Ich habe das Bild betrachtet. ☐

Ich habe eine Fortsetzung gezeichnet. ☐

2. Ich notiere Wörter, die mir zu den Bildern einfallen.
Ich schreibe auf, was ich sehe und was geschieht.
Ich notiere Satzstarter.

Ich habe die Wörter geschrieben. ☐

Meine Ziele: Ich setze die Geschichte fort, indem ich ein passendes Bild male.
Ich schreibe eine Geschichte zu den Bildern.

1. Ich betrachte das Bild … **… und ich zeichne eine Fortsetzung.**

A

B

Ich habe das Bild betrachtet. ☐

Ich habe eine Fortsetzung gezeichnet. ☐

2. Ich notiere Wörter, die mir zu den Bildern einfallen.
Ich schreibe auf, was ich sehe und was geschieht.
Ich notiere Satzstarter.

A – MEIN WORTSPEICHER

B – MEIN WORTSPEICHER

Ich habe die Wörter geschrieben. ☐

Meine Ziele: Ich setze die Geschichte fort, indem ich ein passendes Bild male. Ich schreibe eine Geschichte zu den Bildern.

1. Ich betrachte das Bild … **… und ich zeichne eine Fortsetzung.**

A

B

Ich habe das Bild betrachtet. ☐

Ich habe eine Fortsetzung gezeichnet. ☐

2. Ich notiere Wörter, die mir zu den Bildern einfallen.
Ich schreibe auf, was ich sehe und was geschieht.
Ich notiere Satzstarter.

A

B

Ich habe die Wörter geschrieben. ☐

3. Ich plane meine Geschichte.

Tipp:
Dein Wortspeicher hilft dir dabei!

a) Ich benenne die Situation.

Einleitung

WER? ....

WO? ....

WIE? ....

WANN? ....

Ich habe die Situation benannt. ☐

b) Ich notiere die Handlung.

Bild A: Was passiert?

....

Bild B: Was passiert?

....

Ich habe die Handlung notiert. ☐

c) Ich wähle den Ausgang der Geschichte.

Meine Auflösung:

....

Ich habe einen Ausgang gewählt. ☐

4. Ich schreibe meine Geschichte vollständig auf.

Mein Ziel: Ich schreibe eine Geschichte zu den Bildern.

1. Ich betrachte die Bilder.

**2. Ich notiere Wörter, die mir zu den Bildern einfallen, in die Wortspeicher.
Ich schreibe auf, was ich sehe und was geschieht.
Ich notiere Satzstarter.**

A

MEIN WORTSPEICHER

B

MEIN WORTSPEICHER

C

MEIN WORTSPEICHER

Ich habe die Bilder betrachtet. ☐

Ich habe die Wörter geschrieben. ☐

Mein Ziel: Ich schreibe eine Geschichte zu den Bildern.

1. Ich betrachte die Bilder.

2. Ich notiere Wörter, die mir zu den Bildern einfallen, in die Wortspeicher.
Ich schreibe auf, was ich sehe und was geschieht.
Ich notiere Satzstarter.

A

MEIN WORTSPEICHER

B

MEIN WORTSPEICHER

C

MEIN WORTSPEICHER

Ich habe die Bilder betrachtet. ☐

Ich habe die Wörter geschrieben. ☐

Mein Ziel: Ich schreibe eine Geschichte zu den Bildern.

1. Ich betrachte die Bilder.

2. Ich notiere Wörter, die mir zu den Bildern einfallen, in die Wortspeicher.
Ich schreibe auf, was ich sehe und was geschieht.
Ich notiere Satzstarter.

A

MEIN WORTSPEICHER

B

MEIN WORTSPEICHER

C

MEIN WORTSPEICHER

Ich habe die Bilder betrachtet. ☐

Ich habe die Wörter geschrieben. ☐

Mein Ziel: Ich schreibe eine Geschichte zu den Bildern.

1. Ich betrachte die Bilder.

2. Ich notiere Wörter, die mir zu den Bildern einfallen, in die Wortspeicher.
Ich schreibe auf, was ich sehe und was geschieht.
Ich notiere Satzstarter.

A

MEIN WORTSPEICHER

B

MEIN WORTSPEICHER

C

MEIN WORTSPEICHER

Ich habe die Bilder betrachtet. ☐

Ich habe die Wörter geschrieben. ☐

Mein Ziel: Ich schreibe eine Geschichte zu den Bildern.

1. Ich betrachte die Bilder.

2. Ich notiere Wörter, die mir zu den Bildern einfallen, in die Wortspeicher.
Ich schreibe auf, was ich sehe und was geschieht.
Ich notiere Satzstarter.

A

MEIN WORTSPEICHER

B

MEIN WORTSPEICHER

C

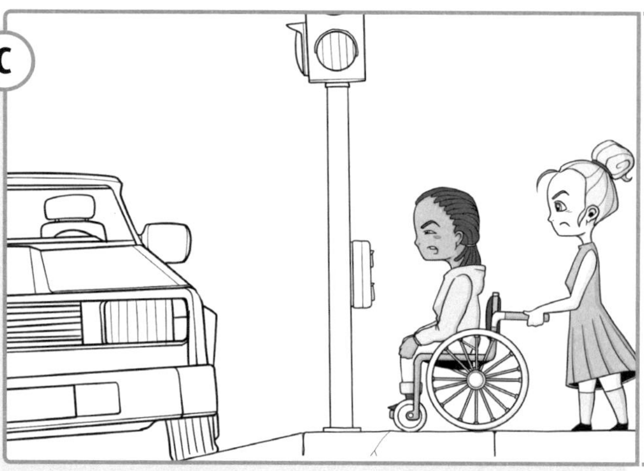

MEIN WORTSPEICHER

Ich habe die Bilder betrachtet. ☐

Ich habe die Wörter geschrieben. ☐

3. Ich plane meine Geschichte.

Tipp:
Dein Wortspeicher hilft dir dabei!

a) Ich lese die Checkliste durch.

b) Ich hake jede erledigte Aufgabe ab.

CHECKLISTE

- [ ] **1.** Ich schreibe eine passende Überschrift auf.
- [ ] **2.** Ich gebe den Personen Namen.
- [ ] **3.** Ich notiere den Ort.
- [ ] **4.** Ich notiere eine Zeitangabe (mittags, am Abend, ...)
- [ ] **5.** Ich notiere die Gefühle.
- [ ] **6.** Ich schreibe meine Einleitung auf.
- [ ] **7.** Ich lasse eine Zeile frei.
- [ ] **8.** Ich beschreibe, was im ersten Bild passiert.
- [ ] **9.** Ich beschreibe, was im zweiten Bild passiert.
- [ ] **10.** Ich beschreibe, was im dritten Bild passiert.
- [ ] **11.** Ich lasse eine Zeile frei.
- [ ] **12.** Ich überlege mir eine Auflösung.
- [ ] **13.** Ich schreibe meine Auflösung auf.
- [ ] **14.** Ich suche einen Partner oder eine Partnerin.
- [ ] **15.** Er oder sie liest meinen Text und notiert Verbesserungsvorschläge.

Namen:

....

....

Ort:

....

Zeit:

....

Gefühle:

....

....

....

Verbesserungsvorschläge:

....

....

....

....

....

....

4. Ich schreibe meine Geschichte vollständig auf.

Meine Ziele: Ich setze die Geschichte fort, indem ich ein passendes Bild male.
Ich schreibe eine Geschichte zu den Bildern.

1. Ich betrachte die Bilder.

2. Ich notiere Wörter, die mir zu den Bildern einfallen, in die Wortspeicher. Ich schreibe auf, was ich sehe und was geschieht. Ich notiere Satzstarter.

A

MEIN WORTSPEICHER

B

MEIN WORTSPEICHER

Ich habe die Bilder betrachtet. ☐

Ich habe die Wörter geschrieben. ☐

3. Ich zeichne eine Fortsetzung und notiere die Wörter im Wortspeicher.

C

MEIN WORTSPEICHER

Ich habe eine Fortsetzung gezeichnet. ☐

Meine Ziele: Ich setze die Geschichte fort, indem ich ein passendes Bild male. Ich schreibe eine Geschichte zu den Bildern.

1. Ich betrachte die Bilder.

2. Ich notiere Wörter, die mir zu den Bildern einfallen, in die Wortspeicher. Ich schreibe auf, was ich sehe und was geschieht. Ich notiere Satzstarter.

A

MEIN WORTSPEICHER

B

MEIN WORTSPEICHER

Ich habe die Bilder betrachtet. ☐ Ich habe die Wörter geschrieben. ☐

3. Ich zeichne eine Fortsetzung und notiere die Wörter im Wortspeicher.

C

MEIN WORTSPEICHER

Ich habe eine Fortsetzung gezeichnet. ☐

Meine Ziele: Ich setze die Geschichte fort,
indem ich ein passendes Bild male.
Ich schreibe eine Geschichte zu den Bildern.

1. Ich betrachte die Bilder.

**2. Ich notiere Wörter, die mir zu den Bildern einfallen, in die Wortspeicher.
Ich schreibe auf, was ich sehe und was geschieht. Ich notiere Satzstarter.**

A

MEIN WORTSPEICHER

....

....

....

....

....

B

MEIN WORTSPEICHER

....

....

....

....

....

Ich habe die Bilder betrachtet. ☐ Ich habe die Wörter geschrieben. ☐

3. Ich zeichne eine Fortsetzung und notiere die Wörter im Wortspeicher.

C

MEIN WORTSPEICHER

....

....

....

....

....

Ich habe eine Fortsetzung gezeichnet. ☐

Meine Ziele: Ich setze die Geschichte fort, indem ich ein passendes Bild male.
Ich schreibe eine Geschichte zu den Bildern.

1. Ich betrachte die Bilder.

2. Ich notiere Wörter, die mir zu den Bildern einfallen, in die Wortspeicher. Ich schreibe auf, was ich sehe und was geschieht. Ich notiere Satzstarter.

A

MEIN WORTSPEICHER

....

....

....

....

....

B

MEIN WORTSPEICHER

....

....

....

....

....

Ich habe die Bilder betrachtet. ☐ Ich habe die Wörter geschrieben. ☐

3. Ich zeichne eine Fortsetzung und notiere die Wörter im Wortspeicher.

C

MEIN WORTSPEICHER

....

....

....

....

....

Ich habe eine Fortsetzung gezeichnet. ☐

Meine Ziele: Ich setze die Geschichte fort, indem ich ein passendes Bild male. Ich schreibe eine Geschichte zu den Bildern.

1. Ich betrachte die Bilder.

2. Ich notiere Wörter, die mir zu den Bildern einfallen, in die Wortspeicher. Ich schreibe auf, was ich sehe und was geschieht. Ich notiere Satzstarter.

A

MEIN WORTSPEICHER

....

....

....

....

....

B

MEIN WORTSPEICHER

....

....

....

....

....

Ich habe die Bilder betrachtet. ☐

Ich habe die Wörter geschrieben. ☐

3. Ich zeichne eine Fortsetzung und notiere die Wörter im Wortspeicher.

C

MEIN WORTSPEICHER

....

....

....

....

....

Ich habe eine Fortsetzung gezeichnet. ☐

3. Ich plane meine Geschichte.

Tipp:
Dein Wortspeicher hilft dir dabei!

a) Ich lese die Checkliste durch.

b) Ich hake jede erledigte Aufgabe ab.

CHECKLISTE

1. Ich schreibe eine passende Überschrift auf.
2. Ich gebe der Person/den Personen Namen.
3. Ich notiere den Ort.
4. Ich notiere eine Zeitangabe.
5. Ich notiere die Gefühle.
6. Ich schreibe meine Einleitung auf.
7. Ich lasse eine Zeile frei.
8. Ich beschreibe, was im ersten Bild passiert.
9. Ich beschreibe, was im zweiten Bild passiert.
10. Ich beschreibe, was im dritten Bild passiert.
11. Ich lasse eine Zeile frei.
12. Ich überlege mir eine Auflösung.
13. Ich schreibe meine Auflösung auf.
14. Ich suche einen Partner oder eine Partnerin.
15. Er oder sie liest meinen Text und notiert Verbesserungsvorschläge.

Namen:

....

....

Ort:

....

Zeit:

....

Gefühle:

....

....

....

Verbesserungsvorschläge:

....

....

....

....

....

....

4. Ich schreibe meine Geschichte vollständig auf.

Meine Ziele: Ich schreibe eine Geschichte, indem ich das Bild genau beschreibe und eine passende Fortsetzung erfinde.

1. Ich betrachte das Bild.

Ich habe das Bild betrachtet. ☐

2. Ich notiere Wörter, die mir zum Bild einfallen.
Ich schreibe auf, was ich sehe und was geschieht.
Ich notiere Satzstarter.

MEIN WORTSPEICHER

Ich habe die Wörter geschrieben. ☐

Meine Ziele: Ich schreibe eine Geschichte, indem ich das Bild genau beschreibe und eine passende Fortsetzung erfinde.

1. Ich betrachte das Bild.

Ich habe das Bild betrachtet. ☐

2. Ich notiere Wörter, die mir zum Bild einfallen.
Ich schreibe auf, was ich sehe und was geschieht.
Ich notiere Satzstarter.

....

....

....

....

....

....

....

....

....

....

Ich habe die Wörter geschrieben. ☐

Meine Ziele: Ich schreibe eine Geschichte, indem ich das Bild genau beschreibe und eine passende Fortsetzung erfinde.

1. Ich betrachte das Bild.

Ich habe das Bild betrachtet. ☐

2. Ich notiere Wörter, die mir zum Bild einfallen.
Ich schreibe auf, was ich sehe und was geschieht.
Ich notiere Satzstarter.

Ich habe die Wörter geschrieben. ☐

Meine Ziele: Ich schreibe eine Geschichte, indem ich das Bild genau beschreibe und eine passende Fortsetzung erfinde.

1. Ich betrachte das Bild.

Ich habe das Bild betrachtet. ☐

2. Ich notiere Wörter, die mir zum Bild einfallen.
Ich schreibe auf, was ich sehe und was geschieht.
Ich notiere Satzstarter.

Ich habe die Wörter geschrieben. ☐

Meine Ziele: Ich schreibe eine Geschichte, indem ich das Bild genau beschreibe und eine passende Fortsetzung erfinde.

1. Ich betrachte das Bild.

Ich habe das Bild betrachtet. ☐

2. Ich notiere Wörter, die mir zum Bild einfallen.
Ich schreibe auf, was ich sehe und was geschieht.
Ich notiere Satzstarter.

Ich habe die Wörter geschrieben. ☐

3. Ich plane meine Geschichte.

a) Ich lese die Checkliste durch.

b) Ich hake jede erledigte Aufgabe ab.

Tipp:
Dein Wortspeicher hilft dir dabei!

CHECKLISTE

- [ ] **1.** Ich schreibe eine passende Überschrift auf.
- [ ] **2.** Ich mache mir Notizen zur Situation.
- [ ] **3.** Ich schreibe meine Einleitung auf.
- [ ] **4.** Ich lasse eine Zeile frei.
- [ ] **5.** Ich beschreibe, was im Bild passiert.
- [ ] **6.** Ich schreibe meine Geschichte weiter.
- [ ] **7.** Ich lasse eine Zeile frei.
- [ ] **8.** Ich überlege mir eine Auflösung.
- [ ] **9.** Ich schreibe meine Auflösung auf.
- [ ] **10.** Ich suche einen Partner oder eine Partnerin.
- [ ] **11.** Er oder sie liest meinen Text und notiert Verbesserungsvorschläge.

Namen:

....

....

Ort:

....

Zeit:

....

Gefühle:

....

....

....

Verbesserungsvorschläge:

....

....

....

....

....

....

....

4. Ich schreibe meine Geschichte vollständig auf.

Fehlersuchbild

Im zweiten Bild haben sich 6 Fehler eingeschlichen. Kannst du sie entdecken?

1

2

ANHANG

MEIN WORTSPEICHER
Vorderseite
MEIN WORTSPEICHER
es Schreiben mit Bild-Impulsen 85
MEINE CHECKLISTE FÜR DAS SCHREIBEN
MEINE CHECKLISTE
Schreiben
Das nehme ich mir vor:
SO GEHE ICH VOR:
1. Ich schreibe eine passende Überschrift.
2. Ich gebe den Personen einen Namen.
3. Ich beschreibe den Ort.
4. Ich mache eine Zeitangabe (z.B. vormittags, am Abend).
5. Ich beschreibe die Gefühle.
6. Ich beschreibe, was im Bild/in den Bildern passiert.
7. Ich schreibe eine Auflösung auf.
ICH ACHTE AUF:
Groß- und Kleinschreibung
Satzanfänge
Vermeidung von Wiederholungen
Habe ich mein Ziel erreicht?
Angeleitetes Schreiben mit Bild-Impulsen 79

Name: .... Datum: ....

FACH: Deutsch THEMA: Bild-Impulse als Schreibanlässe

F	Schreibfertigkeiten	☺	☺☺	☺☺☺	☺☺☺☺
	S schreibt flüssig.				
	S schreibt lesbar.				
	S schreibt in passender Schriftgröße.				
	S verfügt über eine korrekte Stifthaltung.				

F	Planung eines Textes	☺	☺☺	☺☺☺	☺☺☺☺
	S betrachtet die Bilder und beschreibt den Inhalt.				
	S erweitert ihren/seinen Wortschatz, indem sie/er unbekannte Wörter angeleitet/selbstständig erklärt. (DaZ)				
	S schreibt passende Wörter zum Bild/zu den Bildern.				
	S schreibt eigene Ideen zum Vorgang der Geschichte.				
	S plant die Geschichte, indem sie/er W-Fragen beantwortet.				
	S plant die Geschichte, indem sie/er Handlungsideen genauer schildert.				
	S plant die Auflösung der Geschichte, indem sie/er einen passenden/eigenen Ausgang findet.				

F	Schreiben eines Textes (1/2)	☺	☺☺	☺☺☺	☺☺☺☺
	S schreibt kurze Sätze zu vorgegebenen Bildern.				
	S nutzt Textbausteine zur Strukturierung des Textes.				
	S verwendet unterschiedliche Satzanfänge.				
	S beschreibt Gefühle und Situationen kontextbezogen.				
	S formuliert sachbezogen.				

S: Schüler/Schülerin **F:** Fachkompetenzen **M:** Methodenkompetenzen

F	**Schreiben eines Textes** (2/2)	😊	😊😊	😊😊😊	😊😊😊😊
	S beachtet die vorgegebenen Kriterien.				
	S schreibt einen logisch aufgebauten Text, indem sie/er die Reihenfolge der Checkliste beachtet.				
	S verfasst eine anschauliche Geschichte.				
	S schreibt eine sachbezogene Fortsetzung der Geschichte.				

F	**Überarbeitung eines Textes**	😊	😊😊	😊😊😊	😊😊😊😊
	S überarbeitet den Text, indem sie/er den Text mit/ohne Unterstützung auf die vorgegebenen Kriterien überprüft *(z. B. Umstellprobe, Verständlichkeit, Satzanfänge, Vermeidung von Wiederholungen etc.).*				
	S nutzt selbstständig/mit Unterstützung Nachschlagwerke, um die Rechtschreibung zu überprüfen.				
	S reflektiert den eigenen Schreibprozess, indem sie/er Lernnotizen macht.				

M	**Umgang mit Unterstützungsangeboten**	😊	😊😊	😊😊😊	😊😊😊😊
	S sucht sich den Schwierigkeitsgrad selbst aus, indem sie/er den eigenen Lernstand realistisch einschätzt.				
	S bereitet mithilfe von Strukturierungshilfen den Text vor.				
	S schreibt den Text und nutzt dabei die Strukturierungshilfen.				

M	**Rückmeldung zur geschriebenen Sprache**	😊	😊😊	😊😊😊	😊😊😊😊
	S tauscht sich kriteriengeleitet über die Inhalte des Schreibprodukts aus, indem sie/er Schreibkonferenzen durchführt.				
	S berät Mitschüler/innen sachbezogen, indem sie/er die Checkliste im Mentoring verwendet.				

S: Schüler/Schülerin **F:** Fachkompetenzen **M:** Methodenkompetenzen

Sonstige Beobachtung	
Lern- und Arbeitsverhalten Metakognitive Strategien *(Lernprozess planen, überwachen, regulieren),* Lern- und Leistungsmotivation, Interesse, Frustrationstoleranz, Selbstständigkeit, Lernstil, Ordnung, Sorgfältigkeit, Arbeitsplatzgestaltung, Lernrhythmus, Konzentration, Ausdauer, Belastbarkeit	
Sozialverhalten Kooperationsfähigkeit *(Zusammenarbeit, angemessene Lautstärke bei Partnerarbeiten, Arbeitsmaterial teilen, sich einbringen),* Selbstdisziplin *(am Platz sitzen bleiben, Umgang mit Versagungen und Kritik, sich melden, warten, bis man an der Reihe ist),* Hilfsbereitschaft	
Notizen:	

MEINE GESCHICHTEN

Name: ....

Schuljahr: ....

Titel meiner Geschichte:

Hier kannst du dein(e) Bild(er) einkleben.

MEIN LERNTAGEBUCH

Name: ....

Schuljahr: ....

MEIN LERNZUWACHS

Bild-Impuls ....

Datum ....

Titel meiner Geschichte:

....

Diese Wörter habe ich neu gelernt:

Ich fand meine Geschichte ....,

weil ....

....

....

....

Diese Tipps habe ich erhalten:

Diese Hilfen habe ich benötigt:

Diese Hilfen habe ich nicht gebraucht:

MEIN ARBEITSVERHALTEN

So habe ich gearbeitet: ……………………………………………

……………………………………………

……………………………………………

……………………………………………

Das sagt meine Lehrkraft: ……………………………………………

……………………………………………

……………………………………………

……………………………………………

……………………………………………

……………………………………………

……………………………………………

……………………………………………

Das nehme ich mir vor: ……………………………………………

……………………………………………

……………………………………………

……………………………………………

……………………………………………

……………………………………………

……………………………………………

……………………………………………

Anleitung: Schneide die 6 Seiten jeweils entlang der gestrichelten Linie aus.
Hefte sie dann entlang der Markierung mit Heftklammern zusammen,
sodass ein Flipbook entsteht.
Achte dabei auf die richtige Reihenfolge der Seiten.

Illustration: Christian Walter

Meine Formulierungshilfen und mein Wortschatz

Name ....

1 Am Anfang der Geschichte

- An einem sonnigen/eiskalten/ regnerischen Tag ...
- Letzte Woche ...
- Normalerweise ...
- Eines Tages ...
- Letztes Wochenende ...
- In den Ferien ...
- Eines Morgens ...
- Zuerst ...
- Ausgerechnet ich ...
- Mitten auf der Straße ...
- Obwohl der Tag ...
- Während ...

② In der Mitte der Geschichte

Quatschend spazierten wir/sie ...

Plötzlich ...

Inzwischen ...

Da hatte ich/er/sie eine Idee ...

Spätestens ...

Ausgerechnet an dem Tag ...

Ganz bestimmt hatte ...

Auf einmal ...

Manchmal ...

Sofort ...

Bald darauf ...

Nachdem ...

Nach einer Weile ...

Im nächsten Augenblick ...

Etwas später ...

Nun ...

Jedes Mal ...

Zum Schluss …

Am Ende …

Leider …

Zum Glück …

Anschließend …

Seitdem …

Endlich …

Zwischenzeitlich …

Zuallerletzt …

Zuletzt …

Beim nächsten Mal …

Ich bin erleichtert, dass …

3 Am Ende der Geschichte

chaotisch, überrascht, wütend

flüsternd, enttäuscht, begeistert, verärgert, glücklich

fröhlich, geheimnisvoll, vorsichtig, zurückhaltend

aufgeregt

hastig, pfeifend, verwirrt, erschrocken

zornig

kichernd, ordentlich, todmüde, dankbar

4 Beschreibende Adjektive

(5) Meine Satzanfänge

MEINE CHECKLISTE
Schreiben

Das nehme ich mir vor: ....

....

SO GEHE ICH VOR:

- [ ] **1.** Ich schreibe eine passende Überschrift.
- [ ] **2.** Ich gebe den Personen einen Namen.
- [ ] **3.** Ich beschreibe den Ort.
- [ ] **4.** Ich mache eine Zeitangabe (z.B. vormittags, am Abend).
- [ ] **5.** Ich beschreibe die Gefühle.
- [ ] **6.** Ich beschreibe, was im Bild/in den Bildern passiert.
- [ ] **7.** Ich schreibe eine Auflösung auf.

ICH ACHTE AUF:

- [ ] Groß- und Kleinschreibung
- [ ] Satzanfänge
- [ ] Vermeidung von Wiederholungen

Habe ich mein Ziel erreicht?

CHECKLISTE
Schreib-Mentoring

.... wurde von .... beraten.

Titel deiner Geschichte:

Datum:

....

....

IN DEINER GESCHICHTE ...

- [ ] ... finde ich eine passende Überschrift.
- [ ] ... haben alle Personen einen Namen.
- [ ] ... beschreibst du den Ort.
- [ ] ... finde ich Zeitangaben.
- [ ] ... beschreibst du Gefühle.
- [ ] ... beschreibst du genau, was man auf den Bildern sieht.
- [ ] ... finde ich eine passende Auflösung.

Beim nächsten Mal ....

....

....

....

....

....

....

....

....

....

....

Auch als Download!

Unsere

Illustration: Christian Walter

Schreibtipps

Satzanfänge

Namen

Auch als Download!

Überschrift

spannende Adjektive

Tafel- und Bodenmaterial im Download

Diese Karten können Sie für die Stundentransparenz als Visualisierung der Unterrichtsphase verwenden. Drucken Sie die Karten dafür im A4- oder A5-Format aus.

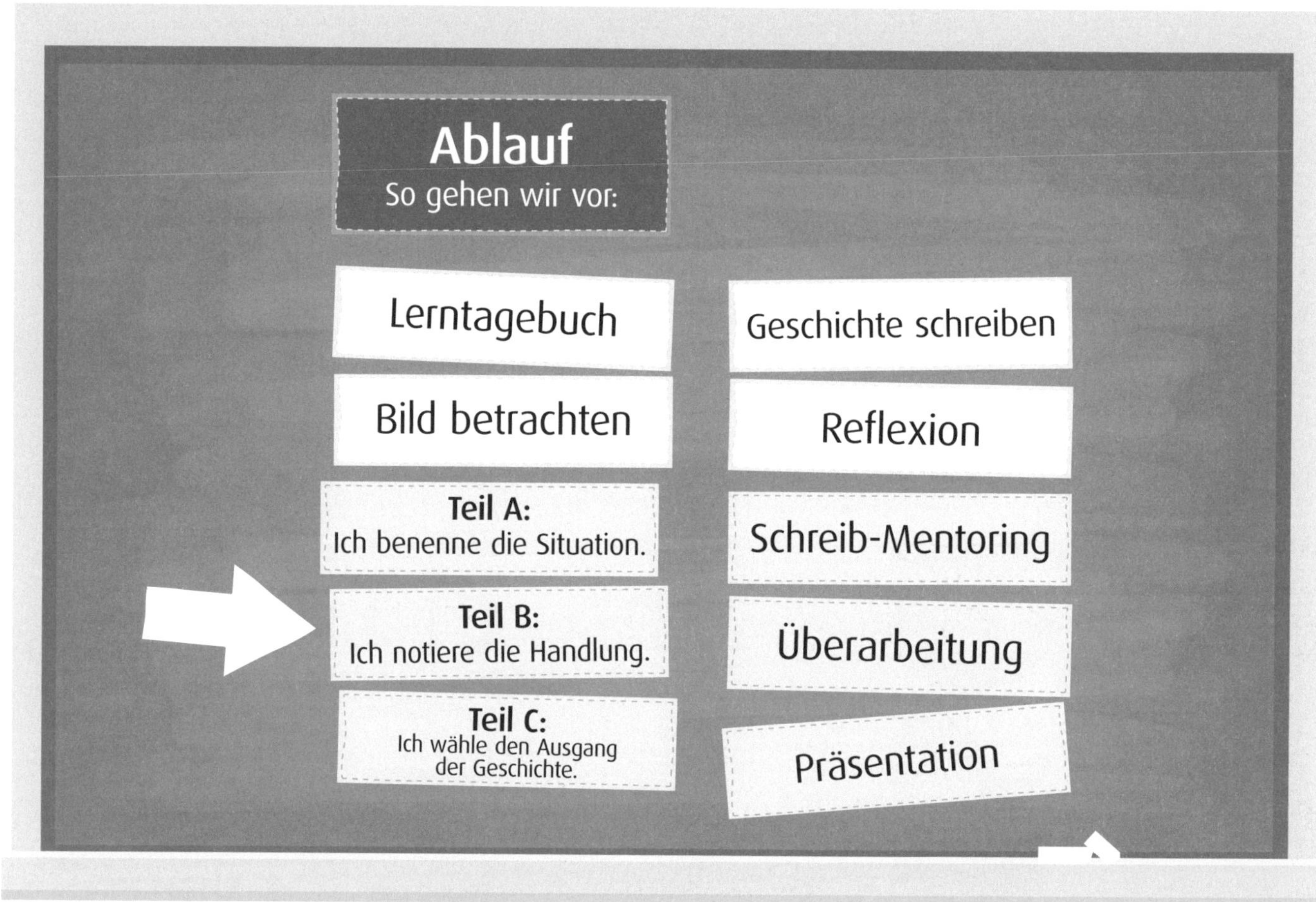

Hier gelangen Sie zum Download:

Passwort: Bildimpulse

Link: cloud.verlagruhr.de/lerninhalt/QpCpfC6gH5Fd/

Illustration: Christian Walter

Illustration: Christian Walter

Illustration: Christian Walter

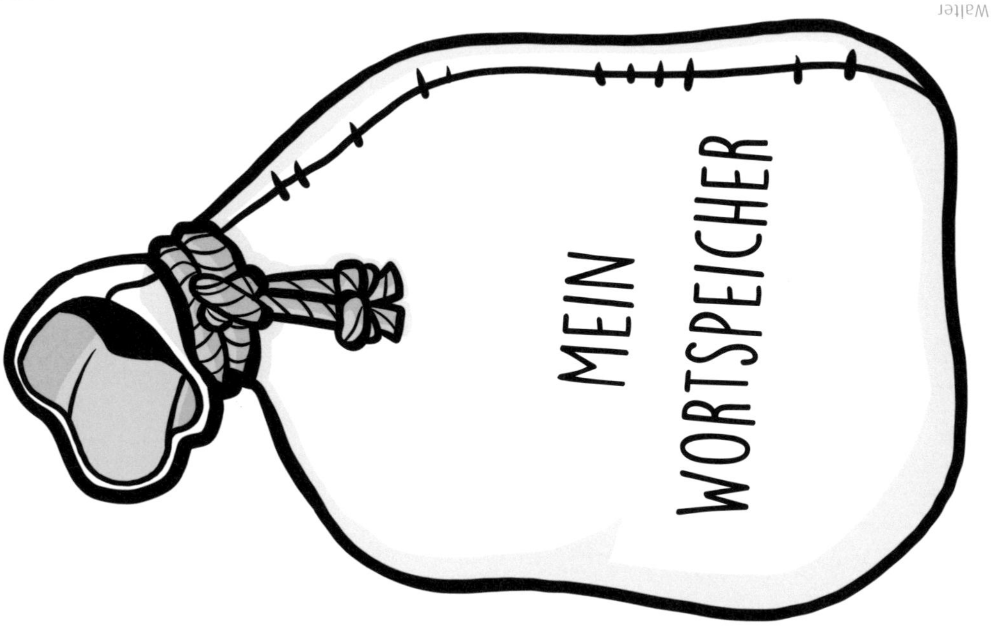

BILD-IMPULS 1

das Mädchen • weinen • die Note • die Federmappe • unglücklich • die Haarspange • traurig

Illustration: Christian Walter

BILD-IMPULS 2

das Skateboard • der Helm • die Pfütze • skaten • der Park • gefährlich • Spaß haben

Illustration: Christian Walter

BILD-IMPULS 3

die Mutter • das Skateboard • die Haustür • ziehen • stur • verzweifelt • hin- und hergerissen

Illustration: Christian Walter

BILD-IMPULS 4

krank • übel • der Gehstock • das Bein • der Park • spazieren • den Bauch halten

Illustration: Christian Walter

BILD-IMPULS 5

blind • die Ampel • der Blindenstock • das Schild • das Auto • erschrocken • unsicher • ängstlich • überfahren

Illustration: Christian Walter

Illustration: Christian Walter